EDICT DV ROY PORTANT CREAtion d'vne Generalité & Bureau des Finances en la ville de Montauban, auec pareil nombre d'Officiers qu'ez autres Bureaux de ce Royaume, attribution & vnion au Bureau des Tresoriers de France de Bordeaux, des Eslections de Xaintes & Congnac, pays de Bearn, Duché Dalbret & ancien Domaine de Nauarre.

LOVYS PAR LA GRACE DE DIEV ROY DE FRANCE ET DE NAVARRE. A tous presens & auenir, SALVT: Ayant cy-deuant receu diuerses plaintes de la part de nos Sujects & Officiers des pays de Roüergue, Quercy, haute Guyenne, & autres lieux de la Generalité de Bordeaux, ressortissant en nostre Cour de Parlement de Thoulouse, des longueurs, incommoditez & prejudice qu'ils souffrent à cause de l'esloignement de ladite Generalité, de Bordeaux, distante de cinquante lieuës desdits pays, de la risque que courent par les chemins les deniers de nos Tailles, & frais de voictures, nous aurions pour y remedier par nostre Edict du mois de

mil six cens vingt & vn, créé vne Generalité & Bureau de nos Finances esdits pays de Roüergue, Quercy, haute Guyenne & Eslections ressortissantes en nostredite Cour de Parlement de Thoulouse, lequel Edict ayant pour aucunes considerations reuoqué, & depuis par autre Edict du mois d'Auril mil six cens vingt-sept, attribué aux Tresoriers de France de ce Royaume, la Iurisdiction de nostre Domaine & Voyrie, les appellations des Iugemens de ceux du Bureau de Bordeaux ressortissent en nostredite Cour de Parlement de Thoulouse, dequoy nosdicts Officiers & Subjects de l'estenduë desdicts pays receuant vne extréme foulle, nous en auroient de rechef faict plainte & supplié de pouruoir à leur soulagement. Et nous ayant esté proposé pour y remedier & euiter la perte & vsurpation des droicts de nostre Domaine esdits lieux, soubs pretexte de l'esloignement des Officiers qui en doiuent prendre le soin de creer vn Bureau de nos Finances à Montauban, SÇAVOIR FAISONS, qu'apres auoir mis ceste affaire en deliberatiõ en nostre Conseil, ou estoient aucuns Princes de nostre Sang & autres notables personnages de nostredit Conseil. De l'aduis d'iceluy & de nostre certaine science pleine puissance & auctorité Royalle, auons par nostre present Edict perpetuel & irreuocable, creé & estably, creons & establissons en nostredite ville de Montauban, vne Generalité & Bureau de Recepte generalle de nos Finances, & pour iceluy composer les Offices cy apres declarez : A sçauoir deux nos Conseillers premier & second Presidens Tresoriers de France, & Generaux de nos Finances, auec pouuoir de presider, tant au Conseil, qu'en l'Audience & ailleurs. Seize nos Conseillers Tresoriers de France Generaux desdites Finances, vn nostre Conseiller aussi Tresorier de France, & General de nosdites Finances garde Seel, vn nostre Conseiller & Aduocat, vn nostre Conseller & Procureur pour nous audit Bureau, trois nos Conseillers Receueurs generaux de nos Finances, Ancie͂ Alternatif & Triennal, & trois nos Co͂seillers & Controolleurs generaux desdites Finances, trois nos Conseillers Receueurs generaux du T[illegible]llon & Payeurs des gages des Viscenes-chaux, trois nos Conseillers & Controolleurs generaux dudit Taillon, trois nos Conseillers Receueurs & Payeurs des gages des Officiers dudit Bureau, vn nostre Conseiller Receueur des espices, trois nos Conseillers Tresoriers & Payeurs des Rentes anciennement creées sur les Tailles, trois nos Conseillers & Co͂troolleurs desdites rentes, trois nos Conseillers Tresoriers, & trois nos Conseillers Controolleurs des Ponts & Chaufſees, trois Greffiers, & trois Maiſtres Clercs dudit Bureau des Finances, vn Greffier & vn Maiſtre Clercs pour l'ordinaire des cauſes d'audience & procez par eſcript, vn Greffier des preſentations du Domaine & Voirie, dix Procureurs poſtulans, vn premier Huiſſier garde meuble, & quatre autre Huiſſiers auec pouuoir d'exploicter par tout noſtre Royaume, tous Arreſts, Iugemens & autres actes de Iuſtice de quelque Iuge qu'ils ſoient emanez, leſquels Offices de Controolleurs generaux des Finances & du Taillon, Receueurs Payeurs & Controolleurs deſdites rentes, Payeurs des gages, Receueurs des Eſpices Treſoriers & Controolleurs des Ponts & Chauſſees, Procureurs & Huiſſiers. Nous auons fait & faiſons hereditaires, ſans qu'ils puiſſent eſtre declarez domaniaux rembourcez vendus ny reuendus pendant dix annees, comme pareillement faisons hereditaires & domaniaux lesdits Greffiers & Maistres Clercs tout ainsi que ceux de autres Generalitez à tous lesquels Offices nous auons attribué & attribuons les mesmes pouuoir, auctorité, cognoissance, Iurisdictiõ prerogatiues, preéminences, rang, seance, priuileges, exemptions, franchises, libertez, droicts de busche de presence de manteau Espices, franc-sallé, profits, reuenus & esmolumens que ceux dont jouyssent les Officiers de pareille qualité de la Generalité de Thoulouse & autres Generalitez de nostre Royaume & tels qui leur sont attribuez par plusieurs Edicts & Declarations, specialement audit Tresorier garde Seel par nostre Edict du mois de May, 1633. duquel coppie collationnée est cy attachée sous le contreseel de nostre Chancellerie, sans aucune difference ny exemptiõ, encore que le tout ne soit particulierement cy declaré, auquel Bureau & Generalité ressortiront les Eslectiõs de Ville-Franche, Rodez, Bourg dudit Rodez, Cahors, Montauban, Figeac Cumenge, Riuiere, Verdun, Armagnac, Loumagne, & Astarac, lesquelles Eslectionss Nous auons par le present Edict distraictes & demenbrees de ladite Generalité de Bordeaux; & icelles dés à present & à tousiours vnies & incorporees à celle de Montauban; ou sera chosi vne maison ou place pour bastir vn Bureau, Chambre, Archiues & logement necessaire: Pour les frais duquel bastiment, Nous ferons ordonner & fournir les deniers qu'il conuiendra: auquel lieu de Montauban quand seront apportez par les Receueurs de nos Tailles Taillon, Tresoriers de nostre domaine, ponts & chaussees, Payeurs des Rentes anciennes, Collecteurs, Fermiers & autres qui en feront la leuee, les deniers de nosdites Tailles, Taillon, Põts, Chaussees & Domaines, tant ordinaires qu'extraordinaires és mains desdits Receueurs & Tresoriers generaux, chacun en l'annee de son exercice: Ce que nous leurs enioignons de faire, sans que les Tresoriers generaux de France, de ladite Generalité de Bordeaux puissent plus disposer & ordonner de nosdites Finances, Domaine & Voiree, & autres choses despendantes dudit ressort, ny aucunement s'en entremettre, à peine de nullité, cassation de procedures, & de tous despens dommages & interests, en leurs propres

& priuez noms: Et à ceste fin, faisons tres-expresses inhibitions & deffences à nosdits subjets de les recognoistre: & pourront lesdits Receueurs generaux des Finances, Taillon, & Ponts & Chaussees creées par le present Edict, rēbourser, si bon leur semble, à proportion du maniement qu'ils feront la finance que ceux de la Generalité dudit Bordeaux ont payee pour iouyr des taxation à eux attribuees, & estre exempts de bailler cautions, des deniers de leurs charges, & en cas qu'ils fassent ledit remboursement : Voulons qu'en rapportant coppie collationnee de la quittance de Finance payee par lesdits Receueurs generaux dudit Bordeaux endossee dudit rembourssement, ils soient pareillement deschargez de bailler cautions & certificateurs : Et afin que les Officiers creés par le present Edict puissent s'entretenir exerçant leurs charge: Nous leurs auons attribué & attribuons les gages ordinaires, qui ensuiuent; A sçauoir à chacun des deux Presidents & seize Tresoriers de France, & generaux des Finances, trois mil trente sept liures dix sols de gages, droict d'entrees, de presence & de busche, audit Tresorier garde Seel trois mil trente sept liures dix sols de gages droict de presence & de busche, & cinq cens liures pour le droict de vingt sols pour mil liures attribué par nostre Edict du mois de May 1633. à nostre Procureur deux mil trois cens trente sept liure dix sols aussi de gages, droicts de presence & de busche: A nostre Aduocat treize cens trente sept liures dix sols pareillement de gages droict de presence & de busche, sans que les dits droicts d'entrée & de presence puissent estre diminuez par absence ou autrement pour quelque cause que ce soit : à chacun desdits Receueurs generaux de nos finances ancien alternatif & triennal, quatre mil liures de gages à chacun des Controolleurs generaux desdites finances, quatre cens liures à chacun des Receueurs generaux du taillon vnze cens liures : à chacun des Controolleurs generaux dudit Taillon quatre cens liures : à chacun desdits Receueurs Payeurs des gages deux cens liures : à chacun des payeurs des rentes trois cens liures : à chacun des Controolleurs desdites rentes deux cens liures, audit Receueur des especes quatre cens liures : à chacun desdits Tresoriers des ponts & chaussées cinq cens liures : à chacun desdits Controolleurs desdits pōts & chauſſces trois cens liures, à chacun desdits Greffiers dudit Bureau des Finances trois cens liures : à chacun Maistre Clerc desdits Greffiers cent liures, au Greffier de la juridiction contentieuse du Domaine & Voirie, deux cens trẽte deux liures dix sols, au premier Huissier garde meuble trois cens liures, & à chacun des autres quatre Huissiers cent liures, & outre iouyront nosdits Aduocats, Procureurs & Greffiers de pareils droicts & émolumens dont iouyssent nos Aduocats, Procureurs & Greffiers des autres Bureau de nostre Royaume, mesme lesdits Greffiers des finances des droits & esmolumens portez par le reglement par nous fait le 6. Octobre 1631. & de cinq cens liures en l'annee d'exercice, Pour les frais, escritures & messageries, lesquels gages droicts de busche de presence &

autres montans ensemble à la somme de quatre vingts six mil six cens vingts liures, seront employez dans nos estats de ladite generalité, comme ceux des autres generalitez, ensemble lesdits cinq cens liures de frais escritures & messageries, voulons que lesdits Presidens Tresoriers de France, garde Seel & generaux de nos Finances, Aduocat, Procureur & Greffiers cognoissent du fait de nostre Domaine & chose en dependanes en l'estenduë de ladite generalité & à cette fin leur auõs attribué & attribuons pareil pouuoir, iurisdictiõ & cognoissance que celle attribuee à tous les autres Officiers des autres Bureaux de nostre Royaume, par nostre Edict du mois d'Auril mil six cens vingt sept, dont coppie collationnee est cy-attachee sous le contreseel de nostre Chancellerie, &

pour aucunement desdômager lesdits Tresoriers de France, Aduocat, Procureur pour Nous, Greffiers & autres Officiers dudit Bureau de Bordeaux à cause de la distraction desdites vnze Eslections pour composer ledit Bureau de Montauban, nous auôs par le present Edict distraict & desmenbré de la Generalité de Limoges l'Eslection de Xainctes & icelle ioincte & vnie des à present & à toufiours auec celle de Congnac, nouuellement creée par nostre Edict du mois de dernier, audit Bureau de Bordeaux, où nous voulons que les deniers de nos Tailles Taillon & autres soient doresnauant apportez és mains de nos Receueurs generaux des Finances & Taillon par les Receueurs particuliers desdites deux Eslections & tous autres qui en feront la recepte,

Et en outre auons attribué & attribuons ausdits Tresoriers de France dudit Bureau de Bordeaux pareille functiõ, pouuoir, Iurisdiction & authorité, profits, droicts & esmolumẽs sans aucunes exceptiõ que ceux à eux attribuez, & dont ils iouyssent dans l'estendue de ladite Generalité pour la direction de nos Finances, Domaine, recherche & conseruatiõ de nos droicts & reuenus, és pays de Bearn, Duché Dalbret, & ancien Domaine de Nauarre qui a iusques à present esté regy par nostre Chambre des Comptes de Pau, & non par des Tresoriers de France, voulans qu'à ceste fin toutes commissions & estats pour le fait de nosdites Finances, Domaine & Voyrie, dans l'estendue desdits pays & ressort desdites deux Eslections de Xainctes & de Congnac leur soient addressez. Sans

neantmois

neantmoins preiudicier aux fonctions & esmolumens de nostredite Chambre des Comptes de Pau, laquelle en iouyra doresnauant tout ainsi que nos autres Chambres des Comptes. Et pour desdommager pareillement lesdits Tresoriers de France de Limoges de la distraction par nous faite de ladite Eslection de Xainctes & Parroisses dependantes de celle de Congnac, nous auons par le mesme present Edict distraict & desmembré du Bureau de nos finances de Poictiers, l'Eslection de la Rochelle, & icelle ioincte & vnie à celuy de Limoges, ou nous voulons que les deniers de nosdites tailles & taillon & autres soiét apportez és mains de nos Receueurs generaux par les Receueurs particuliers de ladite Eslection de la Rochelle, enioignāt à tous nos Officiers & subjets desdits

pays de Bearn, Albret quanti Domaine de Nauarre & Eslection de Xainctes & Cõgnac de recognoistre nosdits Tresoriers de Frãce de Bordeaux,
& pareillement à ceux de ladite Eslection de la Rochelle nosdits tresoriers de France de Limoges, & de
defferer à l'execution de leurs ordonnances és choses dependãtes de
la fonction de leurs charges. VOV-
LONS neantmoins que des receueurs
generaux de nos Finances & taillon
de Bordeaux soiẽt tenus de desdommager ceux desdites generalitez de
Poictiers & Limoges de la finance
par eux payee pour leurs taxations à
proportion de la diminution qu'ils
souffriront de leur maniement, sui-
uãt ce qui sera par nous ordonné, &
que moyennant ce, ils iouyssent des
mesmes taxations pour lesquelles ils
auront fait ledit remboursement, en

rapportãt coppie collationnee de la quittance de Finance payee par lesdits Receueurs generaux de Poictiers & Limoges endossee dudit remboursement, pour à tous lesdits Offices estre par Nous dés à present pourueu de personnes suffisantes & capables, & cy-apres à toutes mutatiõ mesmes desdits Offices casuels vaccation aduenant par mort, forfaiture, resignation, ou autrement, & afin que les pourueuz desdits Offices casuels les puissent exercer sans crainte de les perdre par leur mort, nous les auons dispensez de la rigueur des quarante iours pour les quatre annees qui restent à expirer, sans payer le droit annuel faire aucun prest n'y aduance, & si apres lesdits quatre annees nous continuons le droict annuel lesdits Officiers leurs vefues & heritiers seront admis a le payer sans faire aucun prest n'y aduance, & outre aux mesmes aduãtages que si les Officiers des autres Bureaux des Finances, tout ainsi que la presente creation auoit esté faite auant nostre-dit Edict du mois de Feurier mil six cens trente trois, du benefice duquel nous voulons que lesdits Officiers iouyssent, comme ceux des autres Bureaux. SI DONNONS EN MANDEMENT à nos amez & feaux Conseillers les gens tenans nostre Chambre des Comptes de Paris, & Cour des Aydes de Montpellier, que nostre present EDICT ils fassent lire publier & registrer, & le contenu en iceluy inuiolablement garder & obseruer, sans permettre qu'il y soit contreuenu nonobstant opposition ou appellations quelconques, pour lesquelles & sans preiudice d'icelle, ne voulons estre differé, & si aucuns interuiennent nous en auons retenu & reserué, retenons & reseruons la cognoissance à nous & à nostre Conseil, & icelle interdite à toutes nos Cours, Iuges & Officiers quelconques, nonobstant aussi tous Edicts & Ordonnáces, Arrests Reglemens, deffences, priuileges, & autres Lettres à ce contraires ou donnees en consequence, ausquelles & aux derogatoires y contenues: Novs auõs desrogé & desrogeons par cesdites presentes. Car tel est nostre plaisir, & parce que ces presentes ou pourra auoir affaire en plusieurs & diuers lieux, Novs voulons qu'au vidimus d'icelles deuëment collationnee par vn de nos amez & feaux Conseillers & Secretaire, foy soit adioustee comme au present original, auquel afin que ce soit chose ferme & stable à tousiour : Novs auons fait mettre nostre Seel, sauf en autres choses nostre droict & l'autruy, en toutes. DONNE' à Paris au mois de [illegible] l'an de grace mil six-cens trente-cinq & de nostre regne le vingt-cinquiesme, Signé LOVIS : Et plus bas par le Roy, DELOMENIE : Et seellé de cire verte en lacs de soye rouge & verte.

Leu publiée & registree en la Chambre des Comptes, ouy & ce requerant le Procureur General du Roy, aux charges contenuës en l'Arrest sur ce fait les Bureaux assemblez, le dixiesme iour de May mil six cens trente cinq

Signé GOBELIN.

Collationné à l'Original par moy Conseiller Secretaire du Roy, & de ses Finances.

Extraict des Registres de la Chambre des Comptes.

VEV PAR LA CHAMBRE Les Lettres Patentes du Roy en forme d'Edict, donnees à Paris au mois de Ianuier dernier, signees de sa main, & plus bas par le Roy de Lomenie, & scellees. Par lesquelles, & pour les causes y contenuës, Sa Majesté de l'aduis de son Conseil, Creé & estably en la ville de Mõtauban vne Generalité & Bureau de Recepte generale de ses Finances. Et iceluy cõposé de deux ses Conseillers, premier & second Presidens, Tresoriers de France & Generaux de ses Finances, auec pouuoir de presider, tant au Conseil qu'en l'Audiẽce & ailleurs. Seize aussi Conseillers du Roy Tresories de France & Generaux desdites Finances, vn Conseiller Aduocat du Roy, vn Procureur pour sa Majesté audit Bureau, trois Conseillers Receueurs Generaux desdites Finances, Ancien, Alternatif & Triẽnal, trois Conseillers du Roy & Controolleurs Generaux desdites Finances, trois Conseillers Receueurs generaux du Taillon & Payeurs des gages des Vissenechaux, trois Conseillers & Controolleurs generaux du Taillõ, trois Conseillers de sadite Majesté, Receueurs & Payeurs des gages des Officiers dudit Bureau, vn Conseiller Receueur des espices, trois Conseillers Tresoriers & Payeurs des rentes anciennement creez sur les Tailles, trois Conseillers & Controolleurs desdites rentes, trois Cõseillers Tresoriers

ſoriers, & trois Cõſeillers Cõtrool-leurs des Ponts & chauſſees, trois Greffiers & trois Maiſtres clercs dudit Bureau des Finances, vn Greffier & vn Me clerc pour l'ordinrire des cauſes d'audiẽce & procez par eſcrit, vn Greffier de preſentations du Domaine & Voirie, dix Procureurs poſtulans, vn premier Huiſſier garde-meuble, & quatre autres Huiſſiers auec pouuoir d'exploicter par tout le Royaume, tous Arreſts, Iugemens & autres Acte de Iuſtice, de quelque Iuges qu'ils ſoient emanez, leſquels Offices de Controolleurs generaux des Finãce du Taillon, Payeurs & cõtroolleurs deſdites rentes, Payeurs des gages, Receueurs des eſpices, Treſoriers & controolleurs des Ponts chauſſees, Procureurs & Huiſſiers, Greffiers & Maiſtres clercs, Sa Majeſté a fait hereditaires ſans qu'ils puiſſent eſtre declarez domaniaux, rem-bourcez, vendus ny reuendus pen-dant dix annees, à tous leſquels Offi-ces elle a attribué le meſme pouuoir autorité, cognoiſſance, iuriſdiction, prerogatiues, preeminences, rangs, ſceance, priuileges, exemptions, frã-chiſes, libertez, droicts de buſche, de preſence, de manteau, eſpices, franc-ſallé, profits, reuenus & eſmolumens, que ceux dont iouyſſes les Officiers de pareille qualité, auquel Bureau & Generalité reſſortiront les Eſlections de Ville-franche, Rodez, Bourg du-dit Rodez, Cahors, Montauban, Fi-geac, Cumenge, Riuiere-verdun, Ar-magnac, Loumagne, & Aſtarac, leſ-quelles Eſlections ſadite Majeſté a diſtraictes & demembrees de la Ge-neralité de Bordeaux: & icelles ioin-ctes & vnies à celle de Montauban, & leur a attribué les gages, droicts profits & esmolumens mentionnez par ledit Edict, & pour aucunement desdommager les Presidens & Tresoriers do France de Bordeaux de ladite distraction desdits vnze Eslections. Sa Majesté auroit distraict de la Generalité de Limoges l'Eslection de Xainctes, & icelle ioinctes & vnie auec celle nouuellement creée à Cōgnac audit Bureau de Bordeaux, & pour pareillement desdommager ledit Bureau de Limoges, auroit distraict & desmẽbré de celuy de Poictiers l'Eslection de la Rochelle, & icelle ioinctes & vnies audit Limoges & que les Receueurs generaux desdites Finances & du Taillon de Bordeaux, seront tenus de desdommager ceux desdites Generalitez de Poictiers & Limoges de la finance par eux payees pour leurs taxatiōs, à proportion de la diminution qu'ils souffriront à cauſe de ladite diſtraction, cõme plus au long eſt cõtenu par le dit Edict. Cauſes & moyens d'oppoſitió fournies à la verification dudit Edict par les Officiers des Eſlections d'Angoulesſme & S. Iean d'Angely. Le deſiſtement de maiſtre Louys Gaueau Receueur general des Finauces à Lymoges, à ladite verification du 26. Auril dernier. Autre cauſes d'oppotion à icelle verification fournies par les Preſidens & Treſoriers generaux de France du Bureau eſtably a Poictiers, par Maiſtres Helie de Iarriges, Mathieu Malledent, Charles Guillaume, Martial Benoiſt & Anthoine de Chauaille, Conſeillers du Roy Preſidens & Treſoriers generaux de France au Bureau des Finances de Lymoges. Maiſtre Iean du Peyrat Receueur general du Taillon en ladite generalité de Lymoges, &

maiſtre du Floc & Biton Receueurs generaux des Finãces audit Poictiers deuëment ſignifiees, concluſions du Procureur general du Roy, & tout conſideré, LA CHAMBRE, ſans preiudice des oppoſitions pour leſquelles & pour les indemnitez pretenduës, les oppoſans ſe retireront pardeuers le Roy pour leur eſtre fait droict. A ordonné & ordõne ledit Edict eſtre leu publié & regiſtré, ouy & ce requerrant le Procureur general du Roy, à la charge que les pourueuz deſdits Offices ſeront tenus de faire & preſter le ſerment en ladite Chãbre, auant que de s'immiſcer en l'exercice diceux. Quils ne iouyront que des meſmes & ſemblables gages & droicts que ceux dont iouyſſent les pourueuz de sẽblables Offices aux autres generalitez en vertu d'Edits bien & deuëment verſiez

Que lesdits Receuers generaux des Finances du Taillon, Payeurs du Bureru, & Payeurs des rentes, compteront en ladite Chambre, de tout leur maniment en la maniere accoustumee,& en cas de vaccation desdits Offices creez, par mort, forfaiture, & autrement, il en sera vsé suiuant les Edicts & Ordonnances. Que lesdits Presidens & Tresoriers de France ne pourront s'immisser en la reception des foy & hommage, ny prendre cognoissance d'iceux, sinon des fiefs de trente liures de reuenu,& au dessous, ains seront tenus d'obseruer de point en point l'Edict du mois d'Auril 1628. & Arrests de la Chambre sur ce interuenus. Que ledit Garde seel outre les gages & droicts attribuez aux autres Tresoriers de France, iouyra seulement de la somme employee en l'estat du Roy, pour tout droicts y attribuez, à peine de concussion. Que les pourueus des Offices de Receueurs generaux desdites Finances, Taillon, ponts & chaussees, seront tenus auparauant que d'entrer en exercice de rébourser en deniers contans les Receueurs generaux de Bourdeaux, de la finance qu'ils ont payee pour la iouyssance des taxations à eux attribuees, & ce à proportion & manimét qu'ils feront, cóme aussi lesdits Receueurs generaux des finances & du Taillon de Bordeaux seront tenus dans vn mois de desdommager ceux des Generalitez de Poictiers & Lymoges, de la finance par eux payee pour leurs taxations à proportion aussi de la diminution qu'ils souffriront, & iusques à ce, qu'ils ne se pourront s'immisser à faire la recepte des deniers desdites Eslections de Congnac & Xaintes. Que lesdits Greffiers ne iouyront d'autres droicts que ceux à eux attribuez par Edicts & Reglemens verifiez ou besoin a esté, & que les deniers qui prouiendront de la composition desdits Offices seront vtilement employez aux vrgens affaires de sa Majesté, à peine d'en respondre par les Ordonnateurs en leurs propres & priuez noms. Faict les deux Bureaux assemblez le dixiesme iour de May mil six cens trente-cinq.

Signé, GOBELIN.

Collationné à l'Original par moy Conseiller Secretaire du Roy & de ses Finances.

www.ingramcontent.com/pod-product-compliance
Ingram Content Group UK Ltd.
Pitfield, Milton Keynes, MK11 3LW, UK
UKHW020220180726
13838UKWH00005B/2108

9 782329 319438